THIS
BOOK
BELONGS
TO:

Meet Dodo .
Dodo a curious Panda .
He loves to learn and play .
Learn to write along with Dodo.

Part 1:

Tracing Lines and Curves
Learning Letters .

A is for **Apples**

A A A A A A

A A A A A A

A A A A A A

A A A A A A

A A A A A A

A

A B C D E F G H I J K L M N O P Q R S T U V W X Y Z

<u>A</u> B C D E F G H I J K L M N O P Q R S T U V W X Y Z

B is for book

B B B B B B

B B B B B B

B B B B B B

B B B B B B

B B B B B B

B

A ***B*** C D E F G H I J K L M N O P Q R S T U V W X Y Z

A **_B_** C D E F G H I J K L M N O P Q R S T U V W X Y Z

C is for Clock

C C C C C C

C C C C C C

C C C C C C

C C C C C C

C C C C C C

C

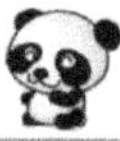

A B **C** D E F G H I J K L M N O P Q R S T U V W X Y Z

C C C C C C

C C C C C C

C C C C C C

C C C C C C

C C C C C C

C

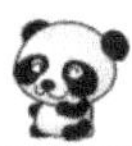

A B **C** D E F G H I J K L M N O P Q R S T U V W X Y Z

D is for Dolphin

D D D D D D

D D D D D D

D D D D D D

D D D D D D

D D D D D D

D

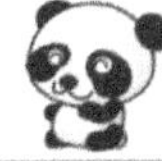

A B C ***D*** E F G H I J K L M N O P Q R S T U V W X Y Z

d d d d d d

d d d d d d

d d d d d d

d d d d d d

d d d d d d

d

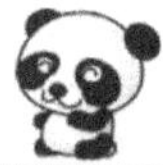

A B C ***D*** E F G H I J K L M N O P Q R S T U V W X Y Z

E is for Eagle

A B C D **_E_** F G H I J K L M N O P Q R S T U V W X Y Z

e e e e e e

e e e e e e

e e e e e e

e e e e e e

e e e e e e

e

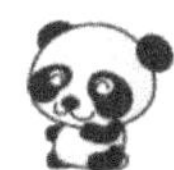

A B C D **E** F G H I J K L M N O P Q R S T U V W X Y Z

F is for Fish

A B C D E **_F_** G H I J K L M N O P Q R S T U V W X Y Z

f f f f f f

f f f f f f

f f f f f f

f f f f f f

f f f f f f

f

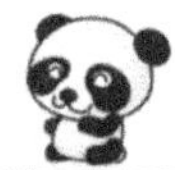

A B C D E **F** G H I J K L M N O P Q R S T U V W X Y Z

<u>G</u> is for **Gazelle**

G G G G G G

G G G G G G

G G G G G G

G G G G G G

G G G G G G

G

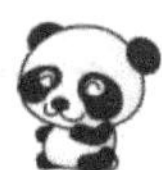

A B C D E F **G** H I J K L M N O P Q R S T U V W X Y Z

A B C D E F **G** H I J K L M N O P Q R S T U V W X Y Z

H is for Hand

A B C D E F G H I J K L M N O P Q R S T U V W X Y Z

A B C D E F G **H** I J K L M N O P Q R S T U V W X Y Z

I is for **Ibis**

A B C D E F G H I J K L M N O P Q R S T U V W X Y Z

A B C D E F G H I J K L M N O P Q R S T U V W X Y Z

J is for Jaguar

J J J J J J

J J J J J J

J J J J J J

J J J J J J

J J J J J J

J

A B C D E F G H I **J** K L M N O P Q R S T U V W X Y Z

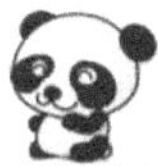

j j j j j j

j j j j j j

j j j j j j

j j j j j j

j j j j j j

j

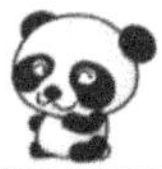

A B C D E F G H I **J** K L M N O P Q R S T U V W X Y Z

K is for **kangaroo**

K K K K K K

K K K K K K

K K K K K K

K K K K K K

K K K K K K

K

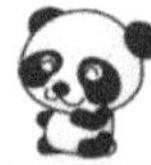

A B C D E F G H I J **K** L M N O P Q R S T U V W X Y Z

K K K K K K K

K K K K K K K

K K K K K K K

K K K K K K K

K K K K K K K

K

A B C D E F G H I J **K** L M N O P Q R S T U V W X Y Z

L is for lion

A B C D E F G H I J K **L** M N O P Q R S T U V W X Y Z

A B C D E F G H I J K **L** M N O P Q R S T U V W X Y Z

M is for Map

M M M M M

M M M M M

m m m m m

m m m m m

M M M M M

M M M M M

M M M M M

M M M M M

M M M M M

M

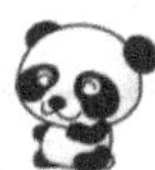

A B C D E F G H I J K L **M** N O P Q R S T U V W X Y Z

m m m m m.

m m m m m.

m m m m m.

m m m m m.

m m m m m.

m.

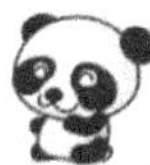

A B C D E F G H I J K L **M** N O P Q R S T U V W X Y Z

9

N is for Nine

N N N N N

N N N N N

n n n n n

n n n n n

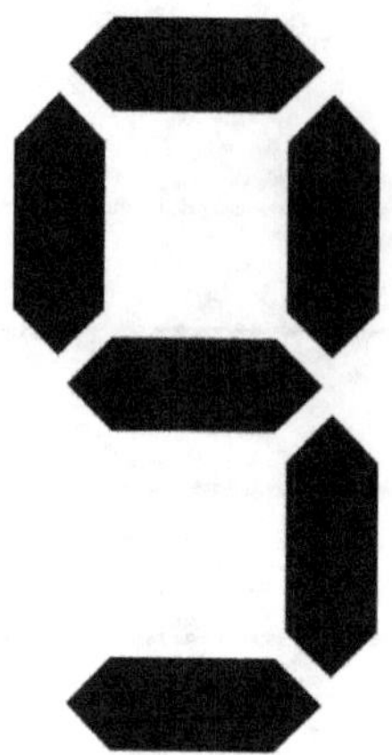

A B C D E F G H I J K L M **N** O P Q R S T U V W X Y Z

A B C D E F G H I J K L M N O P Q R S T U V W X Y Z

O is for OX

A B C D E F G H I J K L M N **O** P Q R S T U V W X Y Z

O O O O O

O O O O O

O O O O O

O O O O O

O O O O O

O

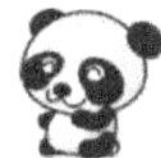

A B C D E F G H I J K L M N **O** P Q R S T U V W X Y Z

P is for **Panda**

P P P P P

P P P P P

P P P P P

P P P P P

P P P P P

P

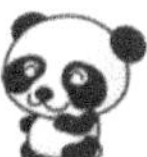

A B C D E F G H I J K L M N O **P** Q R S T U V W X Y Z

A B C D E F G H I J K L M N O P Q R S T U V W X Y Z

Q is for Question

Q Q Q Q Q

Q Q Q Q Q

Q Q Q Q Q

Q Q Q Q Q

Q Q Q Q Q

Q

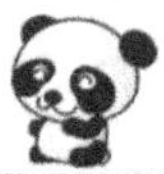

A B C D E F G H I J K L M N O P **Q** R S T U V W X Y Z

q q q q q

q q q q q

q q q q q

q q q q q

q q q q q

q

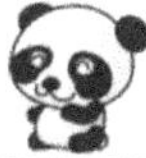

A B C D E F G H I J K L M N O P **Q** R S T U V W X Y Z

<u>R</u> is for **Robot**

A B C D E F G H I J K L M N O P Q **R** S T U V W X Y Z

A B C D E F G H I J K L M N O P Q R S T U V W X Y Z

S is for SUN

S S S S S

S S S S S

S S S S S

S S S S S

S S S S S

S

A B C D E F G H I J K L M N O P Q R **S** T U V W X Y Z

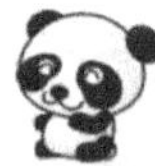

S S S S S S

S S S S S S

S S S S S S

S S S S S S

S S S S S S

S

A B C D E F G H I J K L M N O P Q R **S** T U V W X Y Z

T is for Turte

A B C D E F G H I J K L M N O P Q R S **T** U V W X Y Z

A B C D E F G H I J K L M N O P Q R S **I** U V W X Y Z

U is for Unicorn

A B C D E F G H I J K L M N O P Q R S T U V W X Y Z

U U U U U U U

U U U U U U U

U U U U U U U

U U U U U U U

U U U U U U U

U

A B C D E F G H I J K L M N O P Q R S T <u>U</u> V W X Y Z

V is for Violin

V V V V V

V V V V V

V V V V V

V V V V V

V V V V V

V

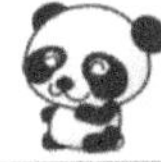

A B C D E F G H I J K L M N O P Q R S T U **<u>V</u>** W X Y Z

V V V V V

V V V V V

V V V V V

V V V V V

V V V V V

V

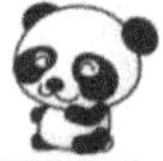

A B C D E F G H I J K L M N O P Q R S T U **V** W X Y Z

W is for Wolf

W W W W

W W W W

W W W W

W W W W

W W W W

W

A B C D E F G H I J K L M N O P Q R S T U V **W** X Y Z

W W W W W

W W W W W

W W W W W

W W W W W

W W W W W

W

A B C D E F G H I J K L M N O P Q R S **T** U V **<u>W</u>** X Y Z

<u>X is for Xmas</u>

X X X X X

X X X X X

X X X X X

X X X X X

X X X X X

X

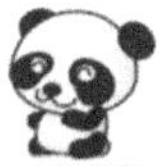

A B C D E F G H I J K L M N O P Q R S T U V W **X** Y Z

X X X X X

X X X X X

X X X X X

X X X X X

X X X X X

X

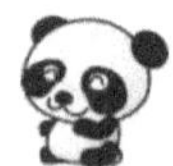

A B C D E F G H I J K L M N O P Q R S T U V W **X** Y Z

Y is for Yarn

Y Y Y Y Y

Y Y Y Y Y

Y Y Y Y Y

Y Y Y Y Y

Y Y Y Y Y

Y

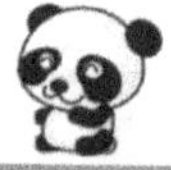

A B C D E F G H I J K L M N O P Q R S T U V W X **Y** Z

y y y y y

y y y y y

y y y y y

y y y y y

y y y y y

y

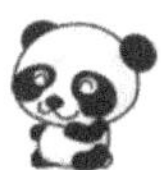

A B C D E F G H I J K L M N O P Q R S T U V W X **Y** Z

Z is for Zebra

A B C D E F G H I J K L M N O P Q R S T U V W X Y Z

A B C D E F G H I J K L M N O P Q R S **T** U V W X Y **Z**

Part 2:

Tracing Lines and Curves Learning Words .

A B C D E F G H I J K L M N O P Q R S T U V W X Y Z

Name Name

Name Name

Name Name

Name Name

Name Name

Name

Name

Name

Name

Name

Name

Name

Name

Name

Name

Name

Name

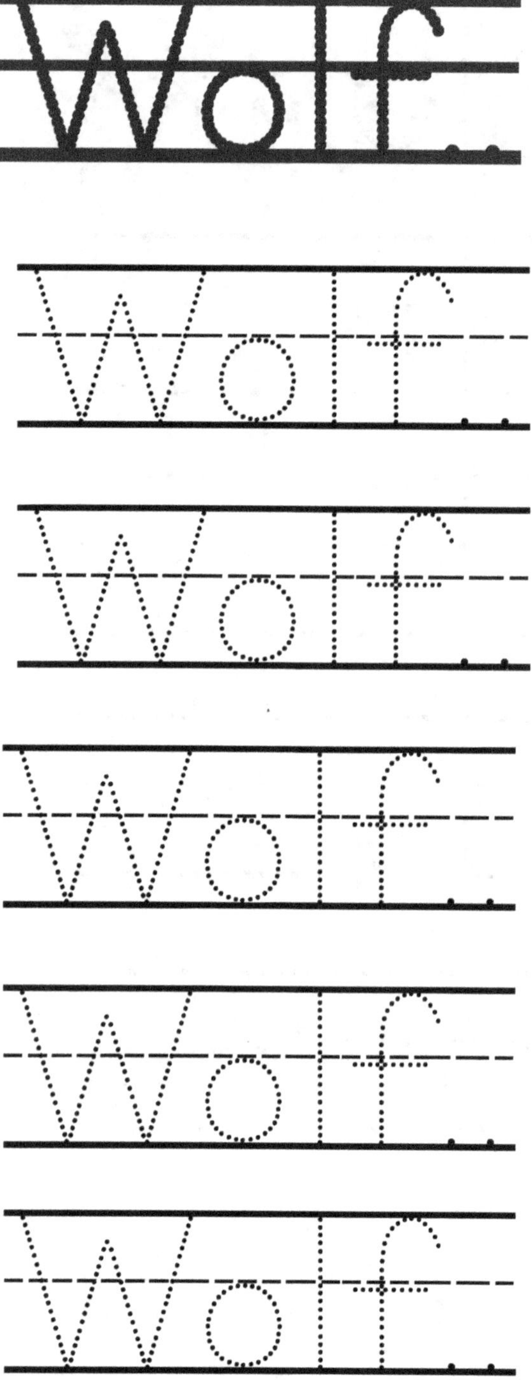

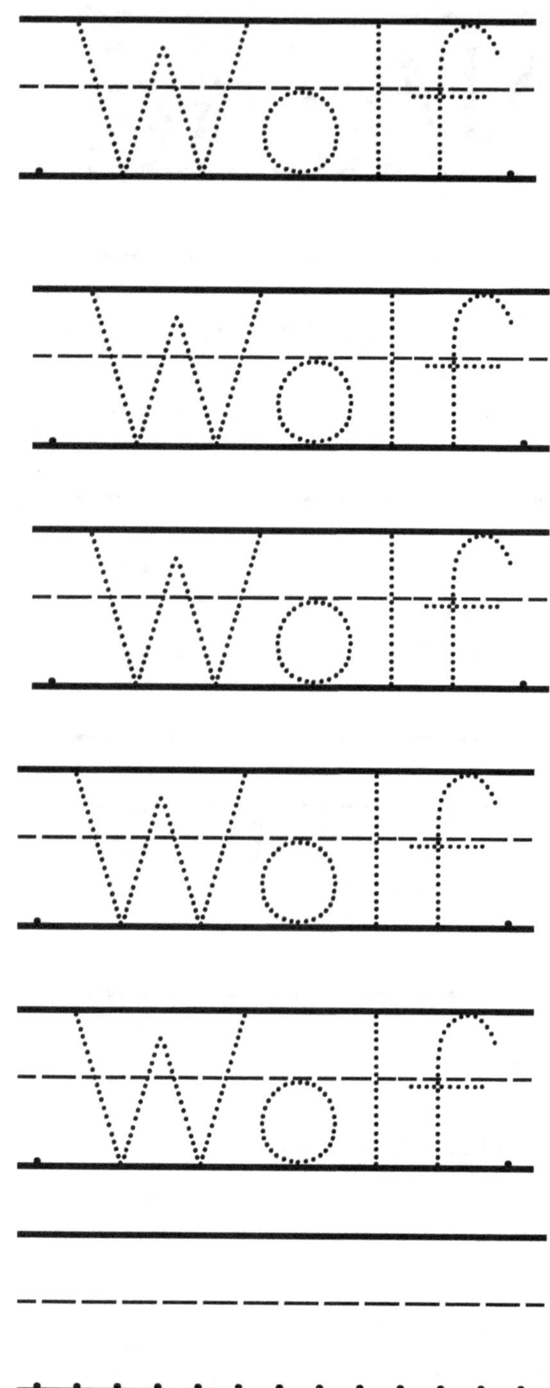

Wolf

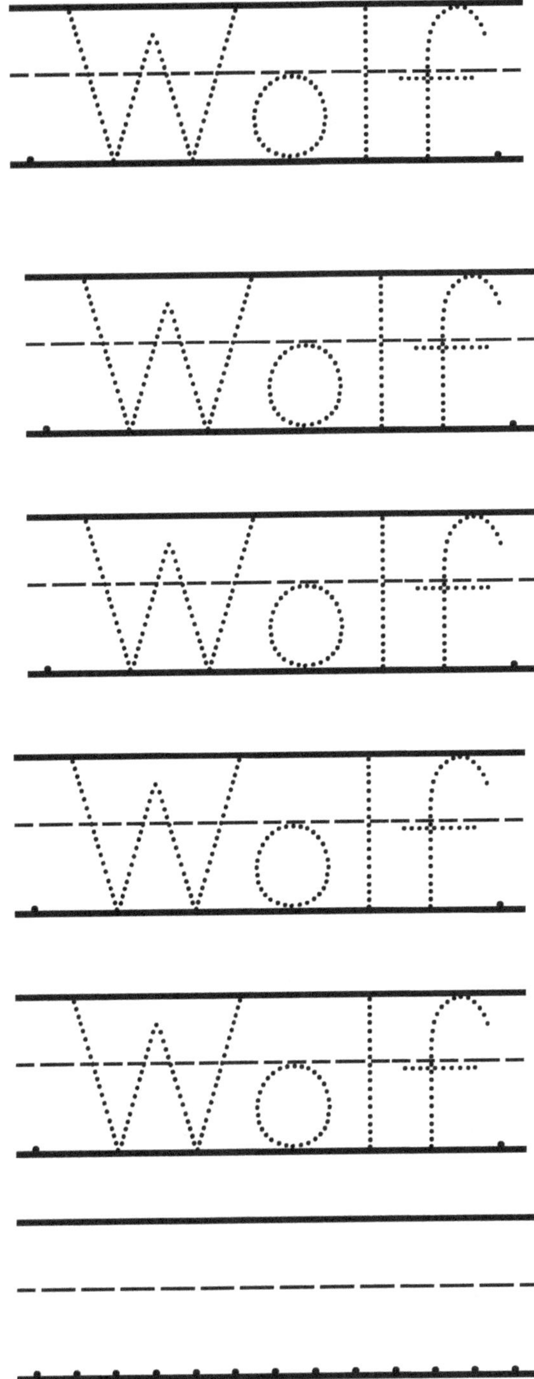

Game

Game

Game

Game

Game

Game

Game

Game

Game

Game

Game

Game

Game Game

Game Game

Game Game

Game Game

Game Game

Game

Happy

Happy

Happy

Happy

Happy

Happy

Happy

Happy

Happy

Happy

Happy

Happy

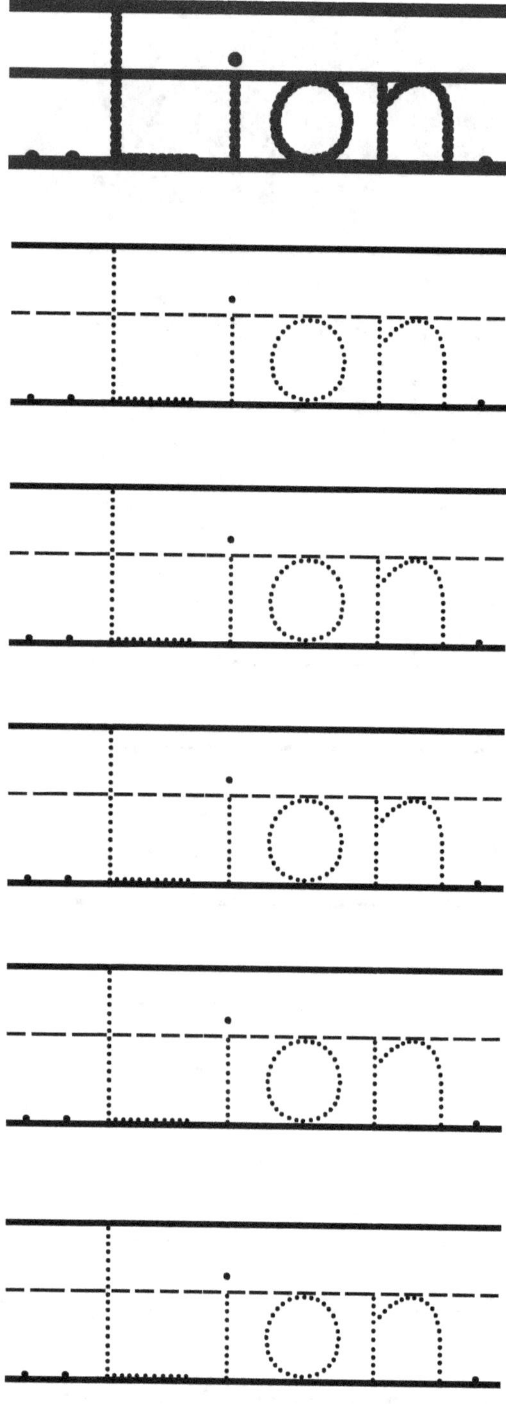

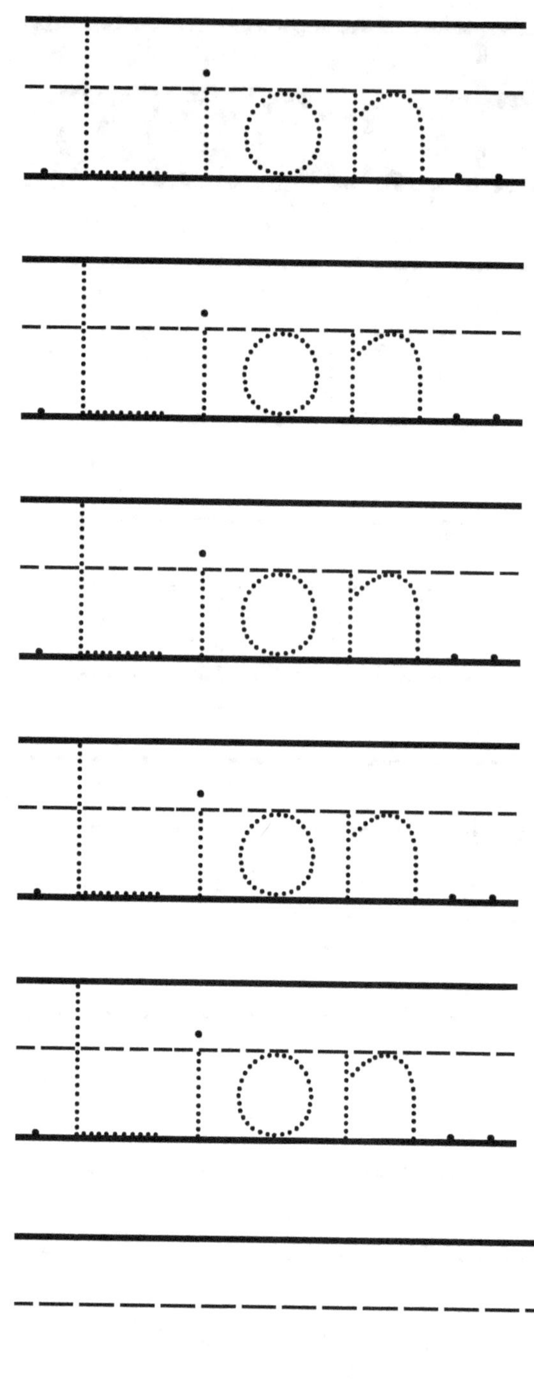

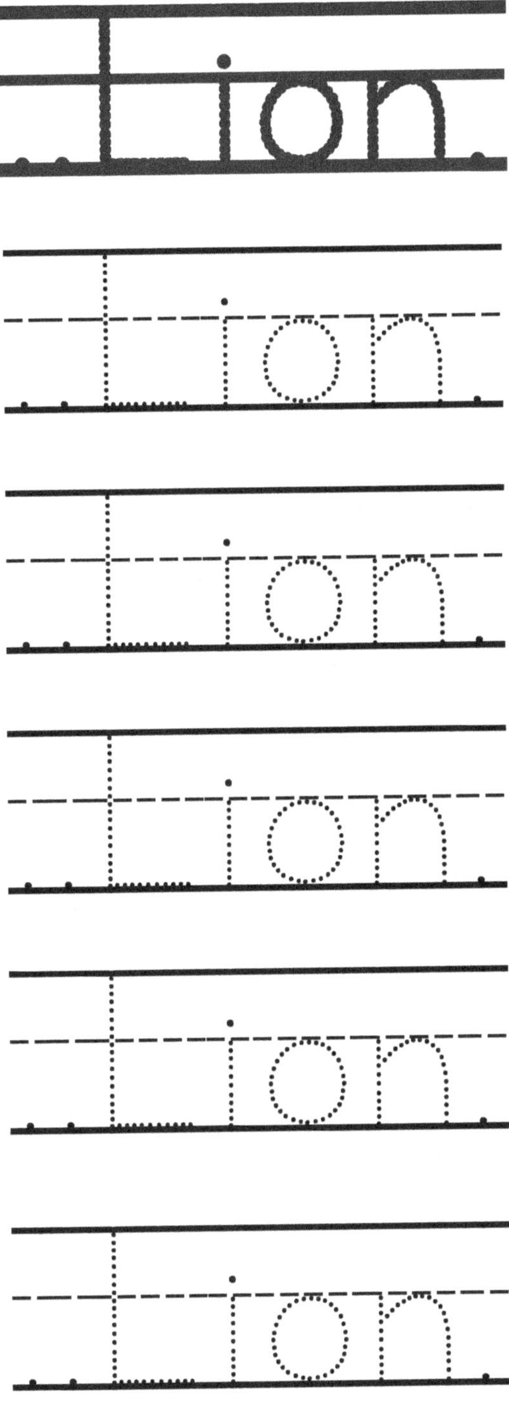

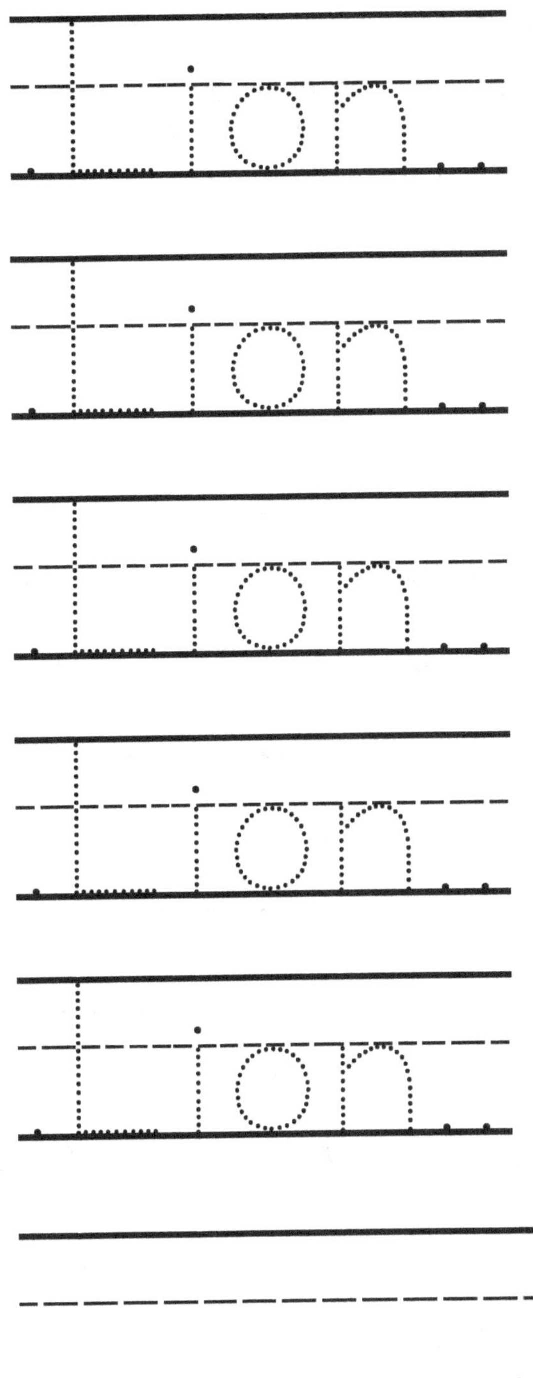

Animal

Animal Animal

Animal Animal

Animal Animal

Animal Animal

Animal

Animal

Animal

Animal

Animal

Animal

Animal

Animal

Animal

Animal

Animal

Animal

Suits

Suits

Suits

Suits

Suits

Suits

Suits

Suits

Suits

Suits

Suits

Suits

Suits

Yong. Yong Yong

Yong Yong

Yong Yong

Yong Yong

Yong Yong

Yong Yong

Yong

Yong

Yong

Yong

Yong

Yong

Yong

Yong

Yong

Yong

Yong

Yong

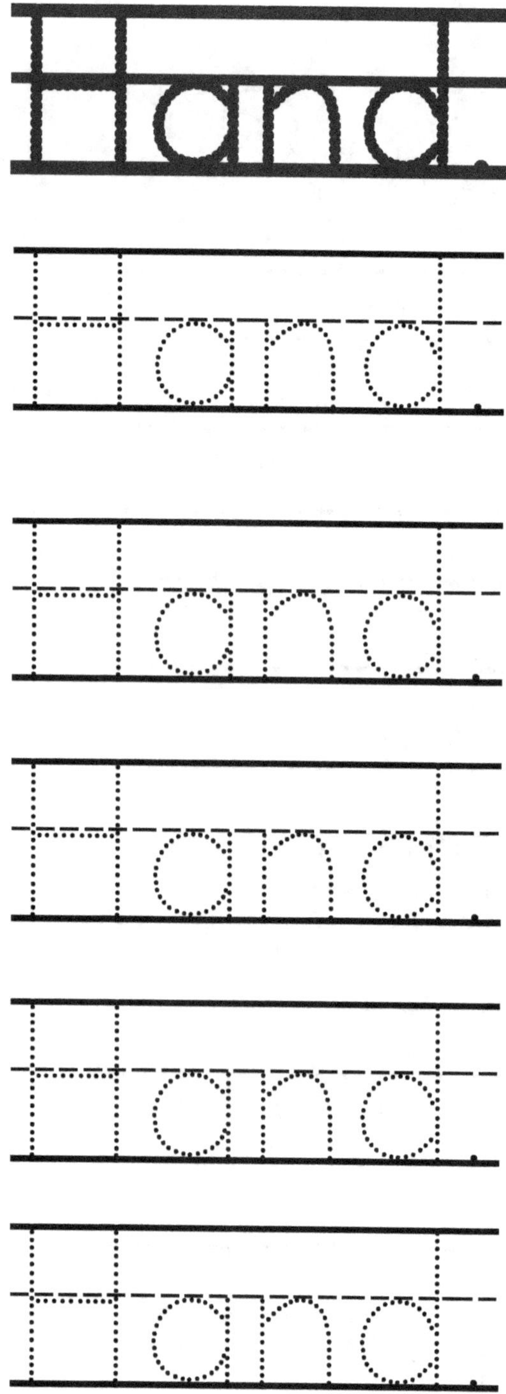

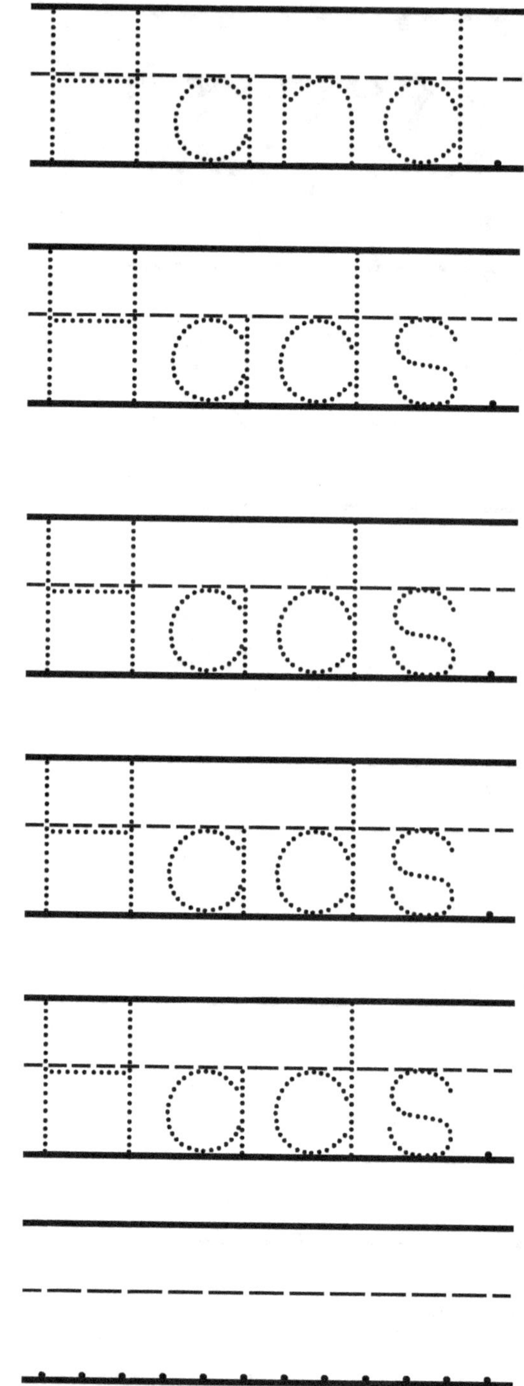

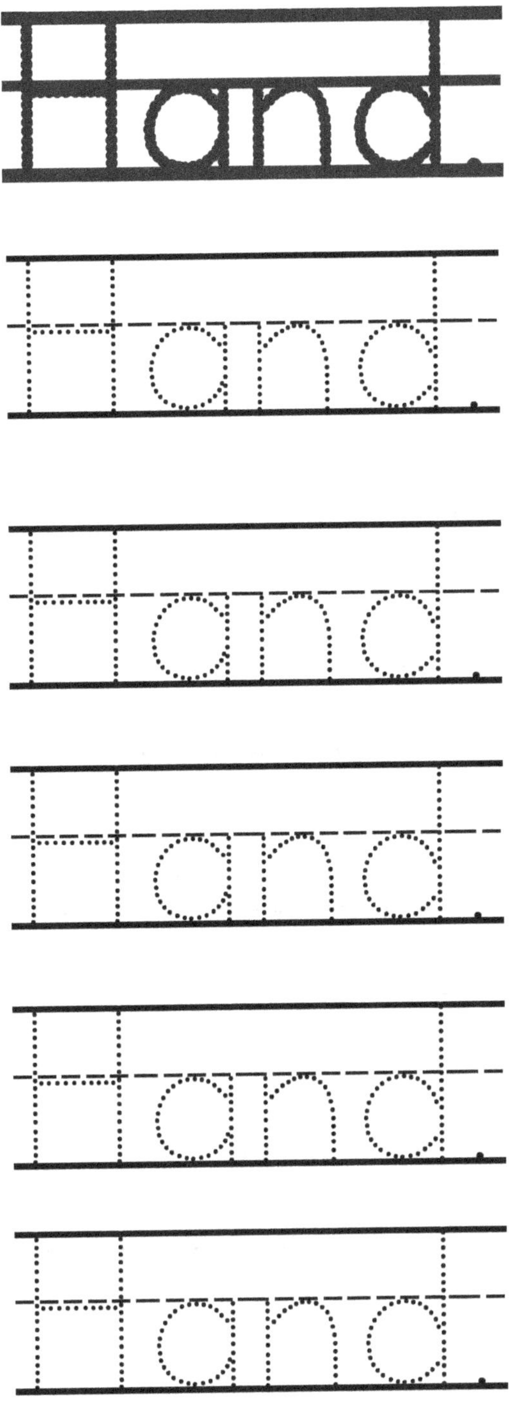

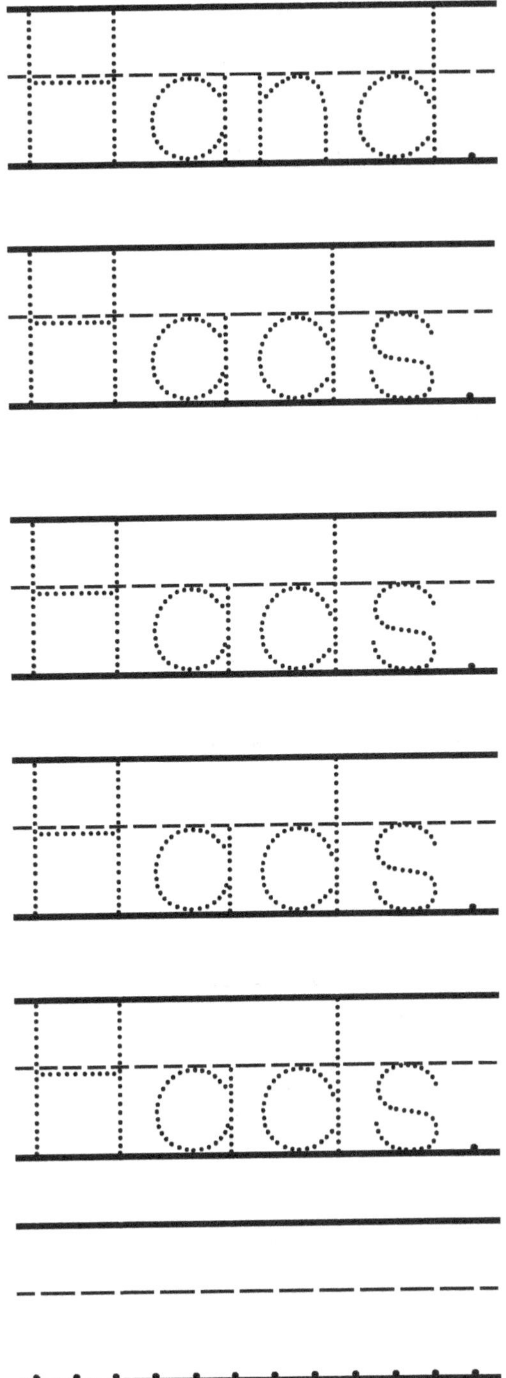

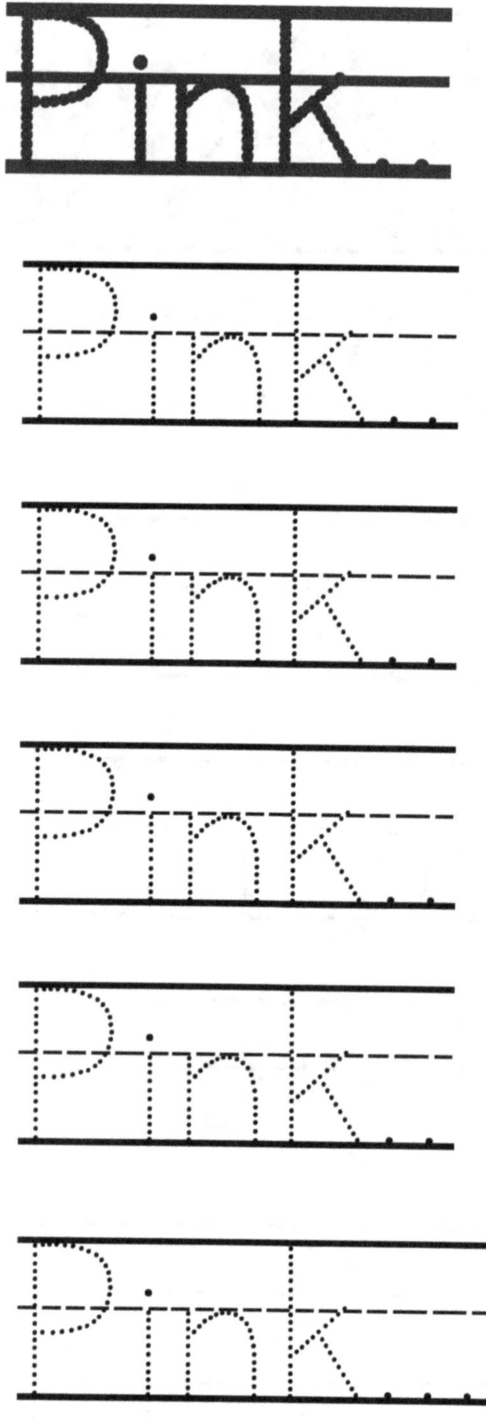

Pink

Pink

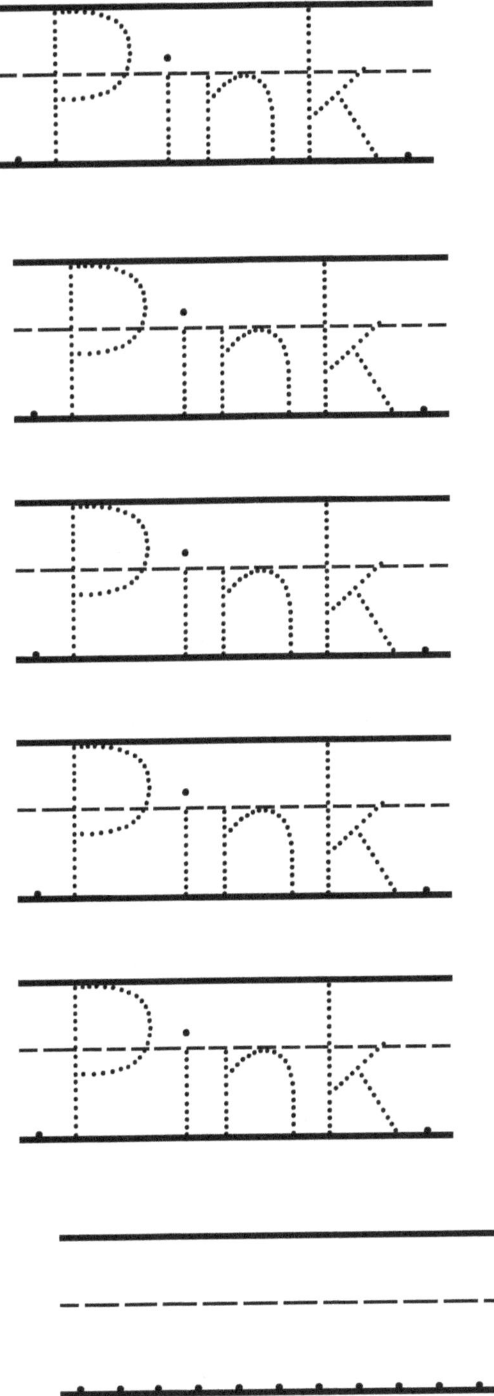

Mama Mama
Mama Mama
Mama Mama
Mama Mama
Mama Mama
Mama

Mama

Mama

Mama

Mama

Mama

Mama

Mama

Mama

Mama

Mama

Mama

Father

Father father
father father
father father
father father
father father
father

Father

father

father

father

father

father

father

father

father

father

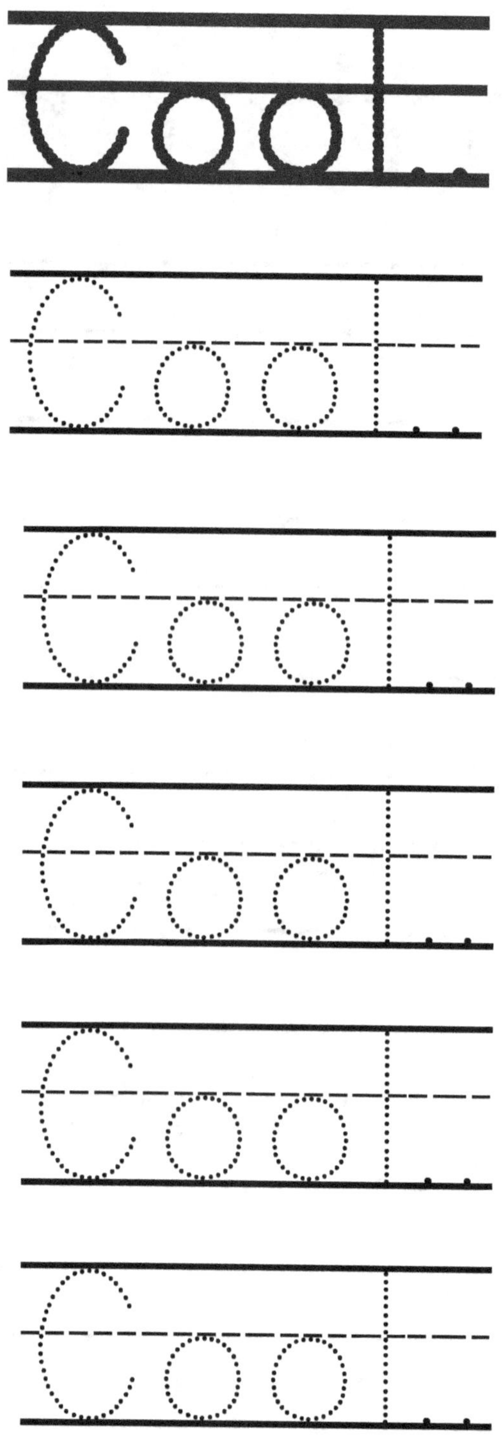

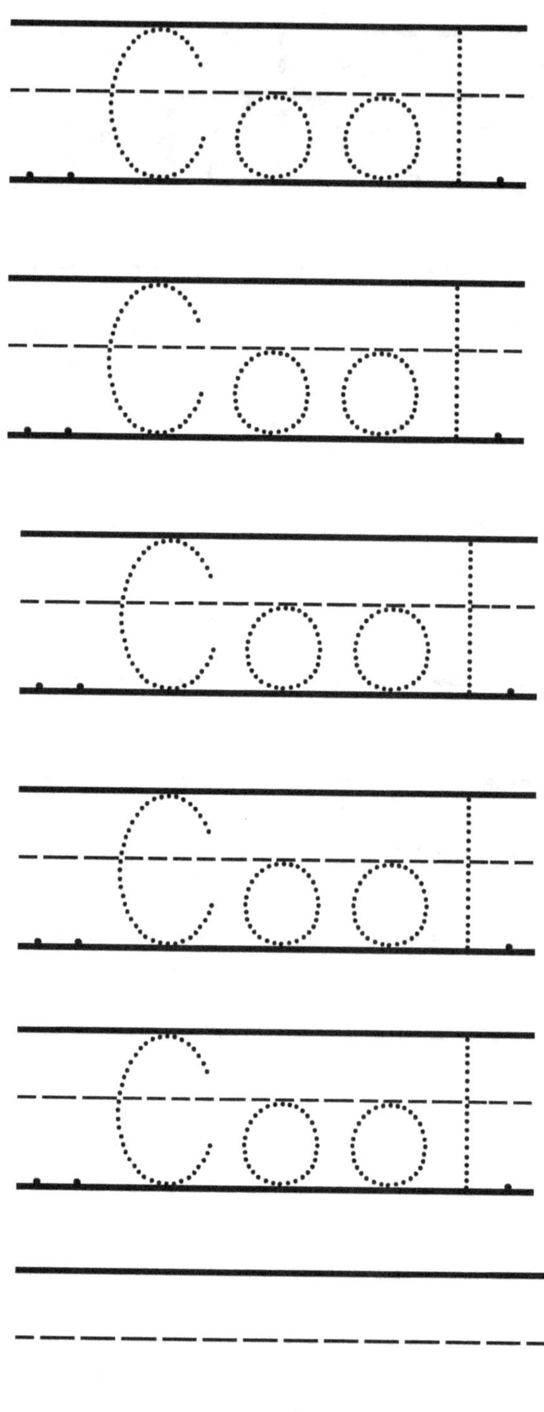

Cool

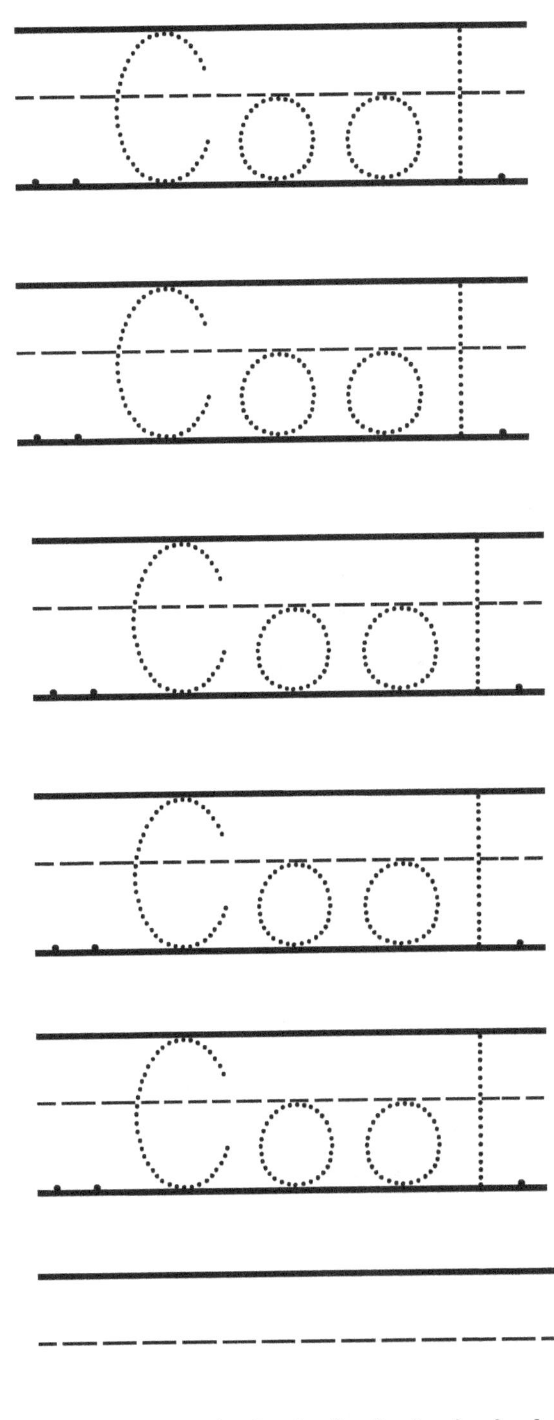

Nine.

Nine.

Nine.

Nine.

Nine.

Nine.

Nine.

Nine.

Nine.

Nine.

Nine.

Nine

Nine

Nine

Nine

Nine

Nine

Nine

Nine

Nine

Nine

Nine

Vest Vest

Vest Vest

Vest Vest

Vest Vest

Vest Vest

Vest

Vest

Vest Vest

Vest Vest

Vest Vest

Vest Vest

Vest Vest

Vest

Xmas

Xmas

Xmas

Xmas

Xmas

Xmas

Xmas

Xmas

Xmas

Xmas

Xmas

Xmas

Xmas

Xmas

Xmas

Xmas

Xmas

Xmas

Xmas

Xmas

Xmas

Xmas

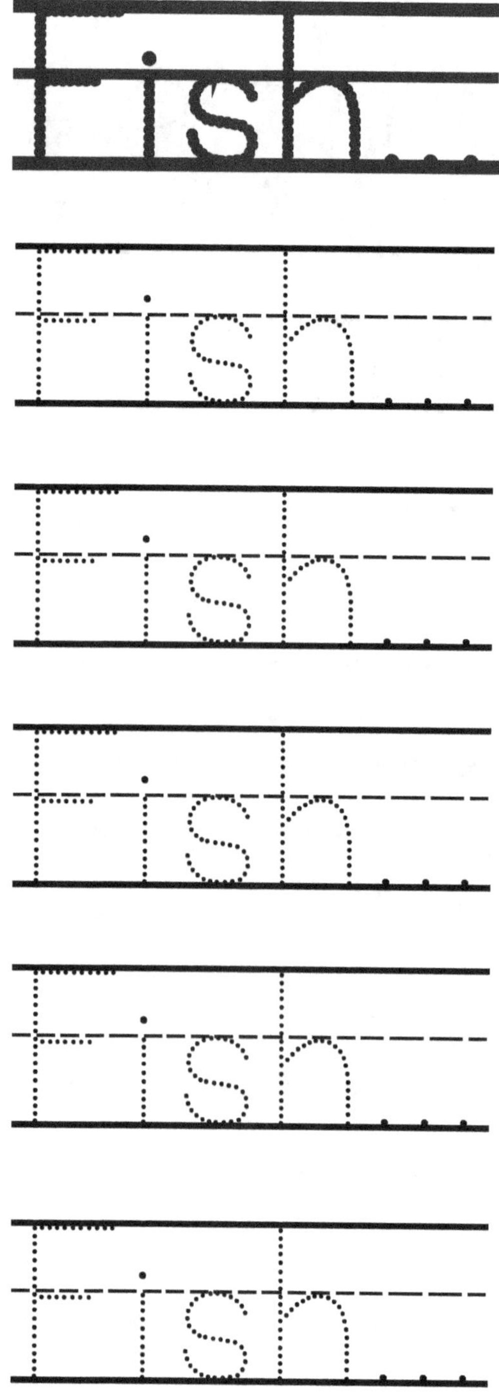

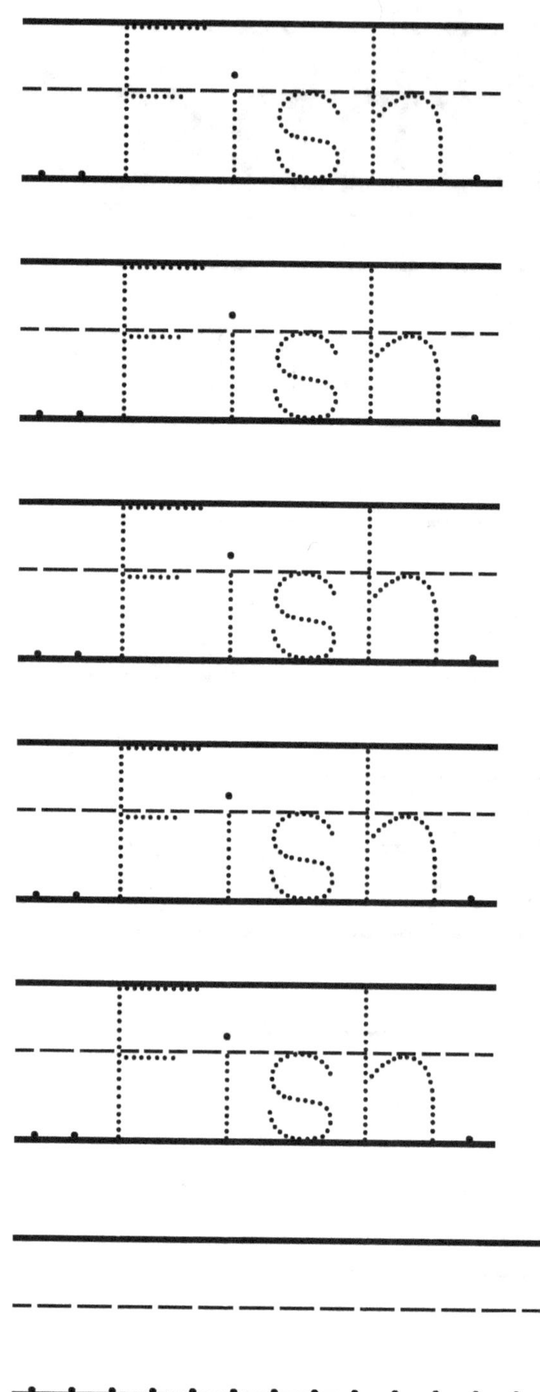

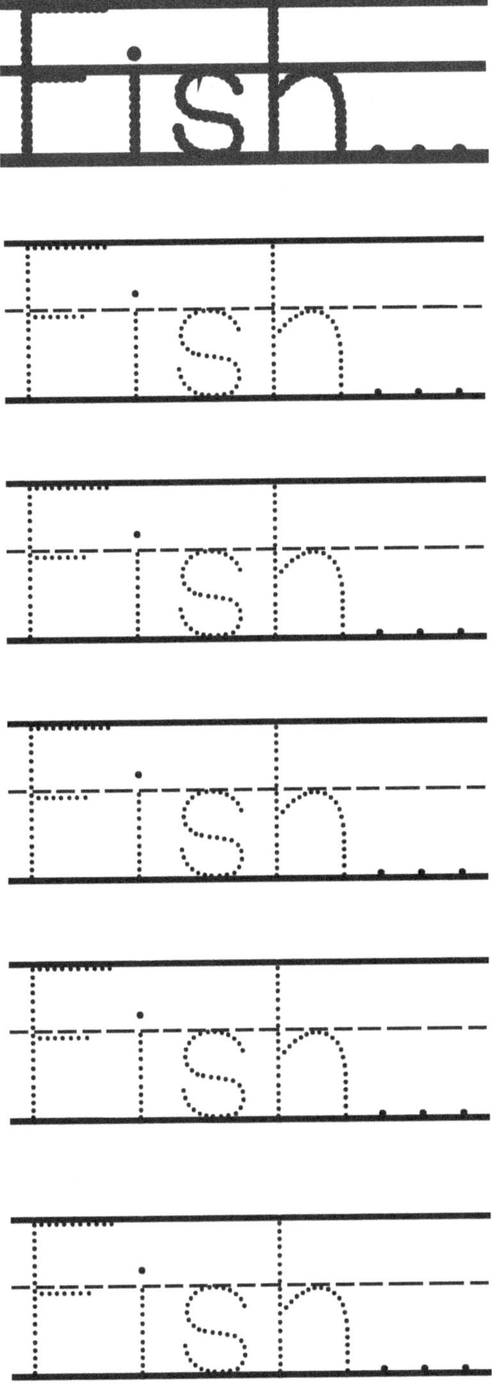

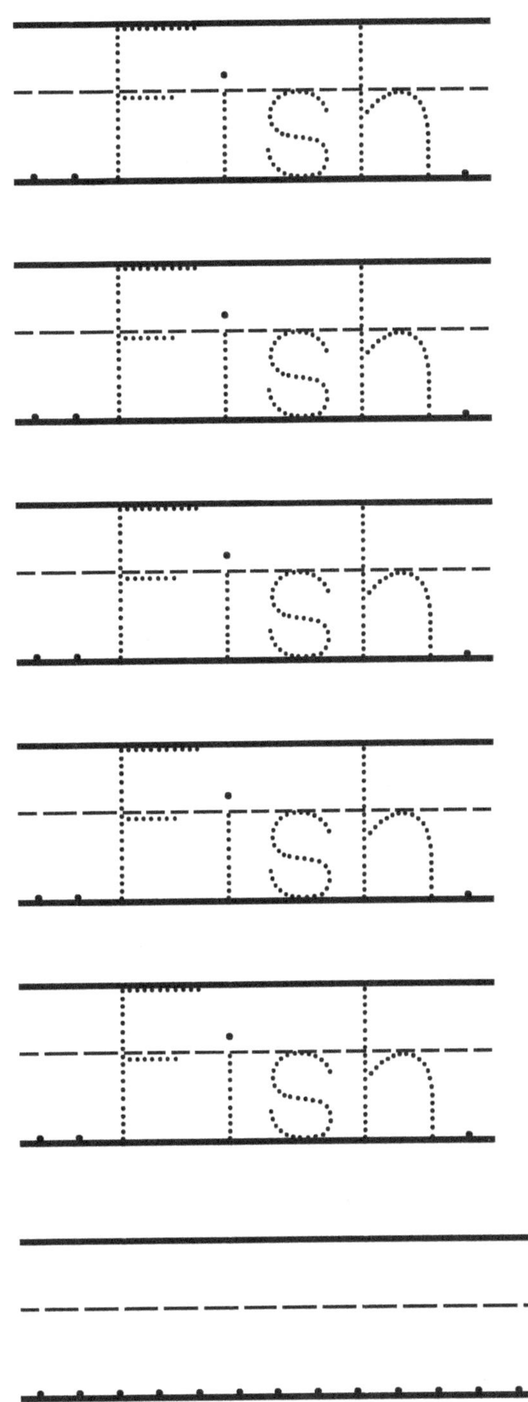

Green

Green Green

Green Green

Green Green

Green Green

Green Green

Green

Green

Green

Green

Green

Green

Green

Green

Green

Green

Green

Green

Music

Music

Music Music

Music Music

Music Music

Music Music

Music Music

Music

King

King

King
King
King
King
King

King
King
King
King

CONGRATULATIONS !

- I'm glad we got here !!

- We learned to write letters !!

- We learned to write some words !!

- I Love You

A B C D E

F G H I J K

L M N O P

Q R S T U

V W X Y Z

© www.artprojectsforkids.org

A B C D E

F G H I J K

L M N O P

Q R S T U

V W X Y Z